AF224338

CATALOGUE

DE L'EXPOSITION

DES ARTS INCOHÉRENTS

AU PROFIT DES PAUVRES DE PARIS

55, 57 & 59, GALERIE VIVIENNE

DU 15 OCTOBRE AU 15 NOVEMBRE 1883

PRIX D'ENTRÉE	
Semaine.	1 fr.
Vendredi.	5 fr.
Dimanche.	50 c.

PRIX DU CATALOGUE : 50 CENTIMES

PARIS

IMPRIMERIE ET LIBRAIRIE CENTRALES DES CHEMINS DE FER

IMPRIMERIE CHAIX

SOCIÉTÉ ANONYME AU CAPITAL DE SIX MILLIONS

Rue Bergère, 20

1883

CATALOGUE

DE L'EXPOSITION

DES ARTS INCOHÉRENTS

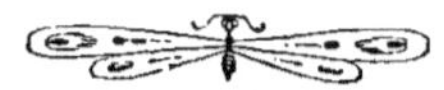

ABRIAL (Stéphance), peintre. Né à Paris, élève de Herts, rue Éblé, 4.

1. — *Les Nouvelles.*

ALESSON (Jean) amateur. Élève de Rembrandt, 3, place de Vintimille (sérieusement).

2. — *Orage aux Antipodes.*

ALLAIS (Alphonse pas XII). Né à Honfleur de parents français, mais honnêtes. Élève de l'école anormale inférieure, 3, place de la Sorbonne.

3. — *Première communion de jeunes filles chlorotiques par un temps de neige.*

(Acquis par l'État. — L'État, c'est moi.)

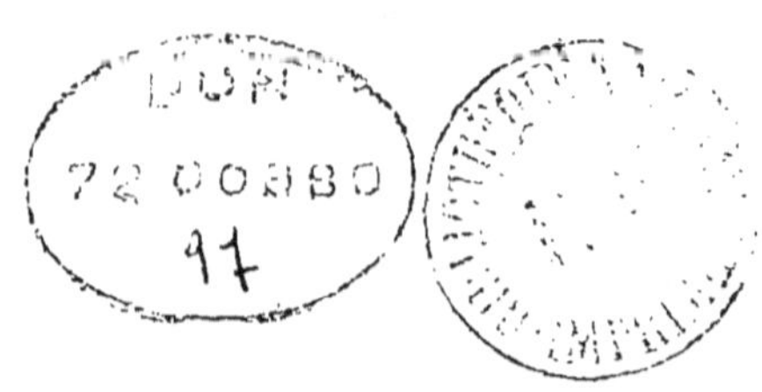

ALLARDO (Eduardo-Julio-Noëlo). Né à la Source (département des Eaux de Garonne), élève de l'Eau, rue de la Fontaine (Pas scie).

1 *bis.* — *La Place de la Concorde par un temps de brouillard. Vue prise aux marches de la Madeleine.*

2 *bis.* — *Portrait historique du dernier « Canif de Bagdad ».*

3 *bis.* — *Pressé pour les Incohérents.*

4. — *Cerveau timbré sur papier idem.*

ANGRAND (Homme futur). peintre. 45, boulevard des Batignolles.

5. — *Arrivée des cinq Galets.*

ARTHUS (Albert-Louis). Né à Van (Pays-Bas), élève des Sangsues à Paris, 81, rue Taitbout.

6. — *Mystère et couverture ou un Drame à 40 mètres au-dessus du niveau de la mer; appartient à M. D..., agent de change près la Bourse de Lyon.*

7. — *L'As, cension, maquette d'un tableau de 20 mètres superficiels pour la cathédrale de X..., appartient à la Société de navigation aréostatique de Funekal (Iles Uçons.)*

8. — *Frégate égyptienne donnant la chasse à des Marsouins atteints de choléra.* (Appartient à l'Académie de médecine d'Alexandrie.)

9. — *Les restes de ma belle-mère après le passage d'un train de nuit à Mont-sous-Vaudrey.*

ARTHUS (Henri-Marcel), dit Bobichon, né au Sein (Morbihan), en bas âge, élève des poids (féculents), à Paris, 81, rue Taitbout.

10. — *La Première Pipe* (appartient à l'Hospice des Enfants trouvés.)

11. — *La Lune Rousse* (à vendre).

12. — *Dent* (à vendre).

AURIOL (Georges). Homme de lettres, 17, rue Racine. Né Tage supérieur.

13. — *Image d'un sou*.

BANÈS (Antoine), né au Ministère des Beaux-arts. Élève des Folies-Bergères, 40, rue de Berlin.

14. — *Léda et le Signe* (à vendre de 5 à 50,000 fr.).

BARIC, dessinateur, 56, rue de Lille.

15. — *Costumes d'opérette (la conquête de la toison d'or)*.

BAUDELAIRE (Charles).

16. — *Dessin rétrospectif*.

BEAUMONT (E. de).

17. — *Une horizontale d'il y a vingt ans*.
(Aquarelle prêtée par M. Paul Eudel).

LE BÈGUE (René). 83, rue d'Hauteville.

18. — *Petites Assiettes*; faïence.

19. — *Les récoltes du saucisson dans la campagne de Lyon*.

20. — *L'Aquarium* (aquarelle).

BENNER (Jean), peintre, 71, boulevard de Clichy.

21. — *Papa César*.

BENOIST (Hipolyte), devrait avoir deux *p* et un *t*. Né Morin. Élève de Racine. Phèdre du Liban. Rue de l'Echiquier.

22. — *Premier dessin d'un bébé*.

23. — *Vitre cassée*.

BERGON (Paul). Né en face l'horloge de la Bourse (avant les pneumatiques), élève du frère de moi. On le trouve boulevard Haussmann.

24. — *Oh ! Schocking.*

25. — *Dessin.*

BERTOL-GRAIVIL (Eugène-Édouard). Né Pomucène, élève de Coquelin cadet. 147, rue de Rome.

26. — *Le pied des Alpes.*

Annibal, César, Bonaparte, passèrent les Alpes, Corso voulut en faire autant.... il les franchit le 15 septembre 1883 et arriva à Paris.

« Corso était venu à Paris tout exprès pour me chercher, et c'est moi qui ai couru après lui pendant deux jours, sans pouvoir arriver à attraper ce chevalier..... du brouillard. Il attendait ma réponse au pied des Alpes : je l'ai mis au pied du mur....., il reste avec le pied dans le derrière.....

(Henri Rochefort).

BÉZIÈS (François-Paul-Émile). Artiste peintre, né dans l'Hérault, élève de Paul Saïn, 16, boulevard Beaumarchais.

27. — *Les Barbisonnières un soir de juin.*

BÉZODIS (Georges). Né rond à Rome, capitale de la Jamaïque, demeure et ne se rend pas. Vive la République, S. V. P. !

28. — *Laissons Lucie faire.*

BIANCHINI (Charles). Dessinateur de costumes de théâtres, fait de la peinture malgré la défense des médecins aliénistes, 21, rue Bergère. Né à Lyon.

29. — *Le rêve.*

Il voit dans son sommeil l'absinthe, le vermouth et le bitter lui apparaître. — Aqua — pinto — relief. Hauteur 0,80, largeur 1.10.

BIGUE (Mlle de la). Prénom : Valtesse. Qualités : Toutes. Elève de Emile Elu. 98, boulevard Malesherbes.

30. — *Lézards cohérents.*

BILHAUD (Paul). Né le 34 décembre. Pas marié. Elève de H. Gray, professeur de A. Erhard. 76, rue de Seine, au 1er étage (c'est une blague, mais ça pose toujours). — A un piano à vendre.

31. — *La Saint papa,*

> Papa, devine les cadeaux
> Que je tiens derrière mon dos ?
> Tu vois, tu peux pas deviner,
> Aussi je vais te les donner.

(Appartient à Lévy Dorville qui me l'a acheté un prix fou !)

32. — *La corne d'abondance.*

33. — *Paris le jour et la nuit* (en collaboration avec M. Lévy Dorville).

34. — *Une bonne précaution.*

BLAIRAT. Né à Roque mort (Gard). Elève de son père, aquarelliste, 32, rue Taitbout.

35. — *Baigneuses.*

BLANC (Charl

36. — *Dessin rétrospectif.*

BLANCHON (E.). Né à Paris. Elève de Cabanel.

37. — *Plafond du docteur Ricord, salle de billard, effet de mirage.*

BLAVIER. Sculpteur. Chez M. J. Renoult, 3, rue d'Alger.

38. — *L'Ivresse*, grande terre cuite originale.

39. — *Au bain*, statuette.

40. — *La cigale ayant chanté.*

41. — *Départ pour le Sabbat.*

42. — *Du haut en bas.*

43. — *Un petit sou, S. V. P.*

BOUDIN (Emile). Amateur, né à Saint-Eliph (Eure-et-Loir), 37, rue Perrier (Levallois-Perret).

44. — *Le bac.*

BOULANGER (Henri).

45. — *Dessin rétrospectif.*

46. — *Dessin rétrospectif.*

BOURBIER (Paul). Né très long, homme du grand monde, 32 ans, 24, rue du Sentier.

47. — *Un homme très fin et très gros.*

BOUTET (Henri). Né un peu fort, élève de M. Crayon et de Mlle Pointe-Sèche, 12, rue Trognon, à Sèvres.

48. — *Pastel en bâteau.*

49. — *Etude de femme et réciproquement.*

BRÉCHEMIN (père). Né à Chartres. Elève de lui-même, 18, rue du Val-de-Grâce.

50. — *Faïence à double face (regardez au derrière).*

BRÉCHEMIN (Louis et fils), hors concours. Né à un endroit qu'il ne se rappelle plus. Elève du Lion de Belfort (même adresse que ci-dessus).

51. — *La Honte après le crime se cache derrière un rideau de théâtre.*

Nota : La Honte est de grandeur naturelle.

52. — *Bière dans laquelle je désire être enterré.* (Nature d'après dessin.)

Appartient à la *Revue critique.*)

BRÉCHET (Jules), comme César. Né plus tard, habite tout de même à Caen.

53. — *Une basse-cour.*

BRULIES (Georges des), rentier. Né-laton, à Chailly (S.-et-M.).

54. — *Combat de cuisiniers nègres par un effet de neige (Afrique centrale).*

BULTEAU, né à Roubaix (Nord). Artiste peintre. Élève de Cabanel, 54, rue Rochechouart.

55. — *Allégorie.*

CAIN (G. et H.), nés à Paris tous les deux par affection, 19, rue de l'Entrepôt et, 18, rue de Chabrol.

56. — *M. le Vicomte X de Z.*
Le public est prié de ne pas jeter de pain à M. le Vicomte.

CARAN-D'ACHE, peintre, né à Paris.

56 bis. — *Porte panorama à l'usage des généraux.*

Les jours pairs : Iéna, Solférino, Magenta.

Les jours impairs : Wagram, Austerlitz, Aboukir.

CARPENTIER (Eve-Arist oh !), né à Clichy, sur le boulevard, nº 71. Elève de l'Académie Royale d'Anvers (et contre douze).

57. — *Deux amis.*

58. — *Miss Théophile.*

CARPIT (George), (s'appelle Picard et le cache soigneusement), à Amiens. (Gros pâté. va!)

9. — *Une bataille.*

CÉSAR O'BINOCLE, né malgé lui et sans culotte, à Paris (près Pontoise). Se cache sous le nom de Colonna de Césari (Raoul quelquefois). Fait des femmes, pose des lapins, élève d'Ejupon. Tient actuellement un entrepôt de fumisteries, 194, rue Lecourbe. Affranchir.

0. — *Drapeau national incohérent.*

61. — *Armes des seigneurs Alphonse de Marlouville,* en collaboration avec F. Bricage. (Acheté par la famille.)

62. — *La nouvelle Légion d'honneur sous le règne de l'incohérence.* (Sera à vendre ou à louer.) — Victor Hugo *invenit*, Cesar O'Binocle *execuxit.*

(Voyez *Lapin.*)

CHAMBORD (Comte de).

63. — *Dessin retrospectif.*

CHALY (E.), artiste peintre. Né à Clermont-Ferrand (Puy-de-Dôme). Élève de Luigi-Loir, 56, rue de Lille, à Paris.

64. — *Les Mères aux vingt chiens.*

65. — *Une idée lumineuse.*

CHARLET.

66. — *Dessin rétrospectif.*

CHARLET (Georges). Né, ah! que voulez-vous? rue Marie-Antoinette — actuellement rue Montmartre, 78. — Graveur en taille-douce, oh, là, là! élève de M. Laporte (à gauche en sortant).

67. — *Un nez fait de neige.*

68. — *Un Conseil des Ministres.*

CHATENET-MARTIN, ouvrier scieur de long, de très long, charpentier, demeurant depuis longtemps à Paris, 4, rue du Volga, à Charonne (c'est bien fait), et né lui-même à Saint-Léonard (Haute-Vienne), le 16 octobre 1844, à 8 heures de relevée.

69. — *Un grand tableau : Le grand château de Rochechouart, en Limousin.*

70. — *Le château de Pompadour.*

71. — *Le château de Coussac, à Gonesse.*

72. — *Le château de Pierre Buffière.*

73. — *Une très jolie gravure représentant le Dieu qu'adoraient les Celtes, c'est-à-dire la belle Giovinna.*

CHEVALLIER (Adeline), née à Paris, rue Saint-Jean, 35, à Pontoise.

74. — *Portrait garanti ressemblant. Signé : A. C.*

75. — *Projet d'une toile à effet. Signé : A. C.*

CHOUBRAC ou BRIC, né sur le câble transatlantique, entre deux os, (ne se souvient plus par quel temps) s'élève tout seul, actuellement locataire de la Compagnie des petites voitures.

76. — *Femme vue de parapluie, ou le champignon vénéneux.* (Souvenir de Dieppe).

COHL (Émile), né à Paris, demeurant, 36, boulevard Henri IV, élève des poules et des lapins en chambre.

77. — *On demande un vitrier*, trompe-l'œil.

78, — *Effet de neige, environs d'Irkousk (Sibérie)*, curieux effet de plein air. L'artiste trouvant son paysage suffisamment froid n'a pas cru devoir le mettre sous glace.

79. — *Costume de voyage de M*^{me} *Sarah-Bernhardt*, obligeamment prêté par **M.** Worth.

80. — *Barra*, d'après le tableau d'Henner.

81. — *Saint-Entoile et son torchon*. Il suffit de regarder fixement Saint-Antoile pendant 24 heures pour voir les yeux se fermer. — N. B. Les vôtres, bien entendu.

82. — *Portrait flatté d'après photographie*. Il suffit de donner une photographie pour avoir un portrait aussi ressemblant que celui-ci. Prix : 53 fr, 35 c.

COLLODION, né pas encore, mais ça viendra, élève de Petit-Pierre, rue ***, même numéro.

83. — *Portrait de M. Paul Eudel au milieu de ses bibelots* (Crayon rechampi de couleurs prêté par le déjà nommé).

COMBETTES (Eugène), né à Paris, à l'âge de 38 ans, sculpteur et décorateur au quai Bourbon.

84. — *La justice poursuivant le crime* (d'après les plus grands maîtres). (Panneau décoratif.)

COQUELIN CADET, sociétaire (Comédie-Française), né à Rivé, élève de son frère (aîné).

85. — *Souvenir d'Etretat* (simple dessin). Refusé au Salon Triennal. — Acheté par **M.** Bertot-Graivil.

GOURCHÉ DE FIACRE dit **COMTE VINAIGRIER DE LA PER-SILLIÈRE**, né Ophite de Gaz au Crézot de fontaine de parents mineurs, demeure où il pleut.

86. — *Une tête de veau à l'huile*, une !

87. — *Pierrot et Colombine.*

DANTAU (Georges), né Trèsporc, Élève de Saint-Antoine (ça se trouve bien), 32, rue des Tilleuls (Boulogne-sur-Scène).

88. — *Lapin Grillé* (Prière de ne pas jeter du pain aux bêtes).

89. — *Portrait de Tu-Duc*, sur allumettes.

DAUMIER (H.).

90. — Le *vieux tragédien* (aquarelle prêtée par M. Paul Eudel).

DELACOUR (Charles), né à Paris, il y a quelque temps. — Porte toute sa barbe, mais se ferait raser au besoin. — Nature délicate mais tendre. — Chanteur par goût, mais poète par vocation.

91. — *Effet de mère et de lune tout à la fois.*

DELPY (pas Albert), né à Joigny (Yonne), élève de Jules Lévy.

92. — *Paysages autour d'un cadre.*

DESPORTES (F.), élève de Pils et Robert Fleury, né à Lyon en 1849. 30, rue Baudin, Paris. — Réclame un jour favorable pour son tableau.

93. — *Joseph Bara* (Honni soit qui mal y pense!).

DETOUCHE ATOUT (Henri-Julien), peintre moderniste, né, dès son âge le plus tendre, à Paris, élève des Maîtres, rue de la Tour-d'Auvergne, 39.

94. — *Musée Sémitique* (en collaboration avec Mé-
landri.

95. — *Vitriolisme* (croquis à la plume).

96. — *Dans la rue* (aussi).

DILLAYE OU NE LES DIS PAS (Frédéric). né à Villedieu-
les-Poëles (Manche), élève de lui-même à Bourg-
la-Reine, villa des Mâlis (Seine).

97. — *Tempête dans un crâne.*

DUCORDON, notable portier décoré d'un grand cordon
S. V. P., né en le tirant, mourra dito. (Pas **de**
commentaires).

98. — *Projet de diplôme.*

DUMAS (Adolphe).

99. — *Dessin rétrospectif.*

DUMAS FILS (Alexandre).

100. — *Dessin rétrospectif.*

DUVAUCHEL (Léon), né à Paris, élève de Théophile
Gautier et de la nature.

101. — *Mélanges d'art et de littérature.* — Recto :
Un hameau forestier, dessin en charbon rehaussé
de craie, sur papier d'emballage.

102. — Recto : *Un atelier de poète.* — dessin verso :
dessins au crayon noir. — Sonnet.

(Retournez S. V. P.)

MADEMOISELLE ✳ (étoile), rue du Croissant, à Cons-
tantinople.

103. — *Lettre du fusiller Billou de la 5e du 4, du 5, du 6, du 20, du tiers comme du quart à ses parents. — Et réponse d'iceux.*

104. — *La colère.* — Le public est prié de remarquer que cette composition remarquable contient le vrai moutardier du pape, personnage important dont tout le monde parle et que personne n'avait vu jusqu'à présent.

105. — *Le beau temps* (calme plat).

106. — *La Sublime Porte* (paysage ottoman).

FABRE DES ESSARTS (Léonie), homme de lettres très licencié, chez M. Zenon Fière, 14, rue des Écoles.

107. — *La Vague.*

FAVIER (Victor). Maison Klotz jeune. Né à Avricourt (Meurthe), le 7 juillet 1853 et Français (malgré les Prussiens). Comptable pour manger, canotier pour boire, dessinateur par occasion et rentier en espérance, 2, place des Victoires.

108. — *A Bougival ou ailleurs.*

FERDINANDUS, né O Graphie (Cap Horn), naturalisé d-force. Groënlandais. S'est sauvé, 36, rue Sainte Placide.

109. — *Garde matrimoniale.*

FERHUYT (Julie, Mlle), 1, boulevard Beaumarchais.

110. — *L'Invalide à la tête de bois.*

FOLOPPE (Jules), né à Champosoult, élève de M. Kunvassey, 12, rue des Apennins (Paris-Batignolles).

111. — *Matines.*

FOUQUES (H.), sculpteur, 11, impasse du Maine.

112. — *Basile-Ique, ma première maîtresse.*

FRAIPONT (si vous le permettez, Gustave pour les dames). Élève d'immenses prétentions à l'art pur... as-tu fini?... Né...c plus ultra, 72, rue du Cherche-Midi à 14 heures. Récompenses obtenues : 59e prix de calcul, 12e prix d'orthographe. N'a pas écrit à Bilhaud pendant qu'il était à Amsterdam.

113. — *La Hollande* (Environs d'Amsterdam). Aquarelle en relief, mais sans gouache.

FRANCE (E.), graveur sur mastic. Élève les yeux au ciel. 3, boulevard Bonne-Nouvelle.

114. — *Méli-Mélo.*

FROISSARD (Arthur), frère d'Aristide. Né buleux, un vendredi. Élève la voix. Rue de Paris, 13 (au Pecq).

115. — *Le plus beau des gars est tout vert.*

GALLIOT (Hanathol), né pendant une grande manœuvre. Élève de Pose. 7, rue Soufflot (il ne dit pas où).

116. — *Tête de coureur des bois.* (Portrait de l'auteur, c'est lui qui l'a peint).

GALIPAUX (TACHE) (Félix), monologuiste, né dans l'ignorance du mal dans lequel il grandit rapidement devant Dieu et devant les hommes. Attend le jugement dernier, 165, rue Saint-Honoré.

117. — *Original authentique de la cession du droit d'aînesse d'Esaü.*

GANDARA (Antonio) . Espagnol des Batignolles. Peinture au vitriol (Elève d'Aurélien Scholl).

118. — *Les grands hommes du « Chat Noir » : Goudeau, Salis, Rivière, Jouy, Morcas.*

GASSIER (Georges), peintre à Chailly en bière.

119. — *Peinture sur peaux lisses et à percussion centrale.*

120. — *Canards, faisans (deux sujets). (A vendre.)*

121. — *Vase étrusque trouvé dans des fouilles au Pô (Italie) et restauré par Georges Gassier, qui affirme que cette pièce remarquable doit remonter à l'âge du pot-au-feu. (A vendre).*

GAYDA (Joseph), né à Carpentras, le 1er janvier 1851.

122. — *Cheval de taille,* peinture militaire sur gamelle.

Au moment d'engager l'action, un cuirassier vétéran de vingt batailles s'avança vers le général en chef et lui offrit un bouquet. « Trop de fleurs ; est-ce ta fête. » *(Estafette* pour ceux qui n'ont pas lu l'*Éternel féminin,* 1 vol. 3 fr., chez Lemerre), répondit le commandant en chef. » (Georges Henry Berthains : *Les Guerriers, légendes.)*

GEOFFROY (Jean), artiste peintre, né à Marennes (Charente-Inférieure), le 1er mars 1853. Élève de M. Adam et Levasseur. Rue du Faubourg-du-Temple, 54, Paris.

123. — *L'OEil de saint Antoine pendant la soixante-dix-neuvième tentation.*

124. — *La marche des gras.*

GHYS. — Né à Cordes-lès-pianos. Élève de Mahomet, rue de l'Orient... je ne sais pas le numéro.

125. — *Une jeune personne du meilleur monde.* (Lavis prêté par M. Paul Eudel).

GODIN (Mme Eugène). Secrétaire général du journal *Swift à Lilliput,* née à Paris. 6, rue de la Gaîté.

126. — *Un truand des Balnibarbes.*

127. — *Un chien* (mastic).

GODIN (Mme Léontine), État civil :

> Pianiste, élève de Vieuxtemps,
> Rit à pleines et belles dents
> De tout, des gens comme des choses ;
> A dû naître au milieu des roses,
> Et n'a que l'âge du printemps.
>
> *(La Renommée).*

7, rue de la Terrasse.

128. — *Eléluiparel.*

GOUÉRY (Jacques), imprimeur des incohérents. Nez au-dessus d'une paire de moustaches. 27, rue de Seine.

129. — *La Justice poursuivant le Crime.*

GRAY (Henry), dessinateur-costumier fantaisiste. Nez droit et à tous les vents (et les odeurs de Paris?). Élève des Parisiennes. 6, rue de Saint-Pétersbourg.

130. — *Parisiana.*

131. — *Éternel roman.*

132. — *Excelsior.*

133. — *Fusain à l'huile.*

134. — *La chute des feuilles en automne.*

135. — *V'lan.*

136. — *Mâle et femelle.*

137. — *Souvenir de mon prochain ballet aux Folies-Bergère.*

138. — *Fers à cheval.*

139. — *Fruit défendu. — Idem épluché.*

GROS.

140. — *Dessin rétrospectif.*

GUAYS DES TOUCHES (Jules). Gentleman rural, musicien, peintre et modeleur à ses moments perdus. Né à la Flèche (Sarthe). Elève de lui-même. Au château de Chateloup, près la Flèche (Sarthe).

141. — *Marrons sculptés.*

142. — *Le commandant Laripète et un jour de gloire.*

GUIGNARD (Amédée). Né aux Batignolles, 44, rue Lacondamine.

143. — *Le Buveur d'absinthe.*

GUILLOU (Maurice).

144. — *Portrait d'un caissier fidèle, après le bal.*

F. HABERT. Cousin des crayons du même nom. — Mesplès le connaît, alors je blague, 64 *bis*, rue du Long.

145. — *Le choix d'un masque.*

146. — *Bouton d'or.*

147. — *Sérénade au cochon.*

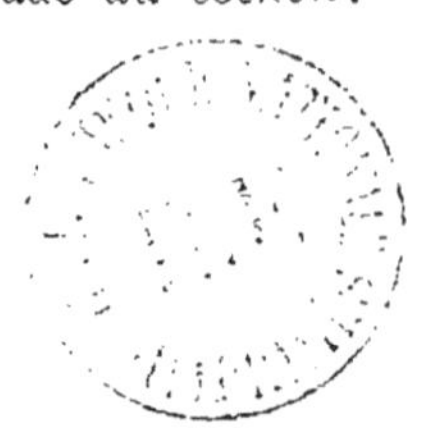

HAUREAU.

148. *Dessin rétrospectif.*

HILAIRE (Georges). Rapin de David. Négoce-sciant.
1, rue Pierre-Picard.

149. — *Serrement des Eaux Grasses.*
    (Appartient à Alph. Coulard. — Nouveau rapsode).

HIRTZ. Peintre. Né à Orange, à Paris (Orangerie).

150. — *L'orange rit.*

HUOT (Mme Hermance). Brodeuse. Née à Paris. Élève
de son mari. 18, rue Campagne-Première.

151. — *Que c'est comme un bouquet de fleurs !*

Enfin tu resplendis, ô gloire des chaussettes !
Tu ne vas plus aux pieds, mais l'art a ses hauteurs.
Sur ton vieux corps troué, tombé sous les pincettes,
Une main délicate a su broder des fleurs !
                        — (DUFOUR.)

HUTIN (Charles). Hospice de Bicêtre, à Paris.

152. — *Les dix fils de la Madeleine.*

IHLY. Ne se rappelle plus son prénom, — en train
de naître, la mère et l'enfant se portent bien, merci.
Demeure à Paris, boulevard Arago, 7.

153. — *Le Vieux Chiffonnier.*
    (Y a des vers en bas du tableau.)

ISABELLE DE BOURBON.

154. — *Dessin rétrospectif.*

JULLIEN (Alfred), peintre. Né à Paris. 61, avenue
Daumesnil.

155. — *Après la suppression du budget.*

157. — *La Morgue, vue du Pont des Tournelles à 11 heures du soir.*

KOTEK, pas de petit nom. Né : en place repos. Elève à mateur. Manque d'adresse, tant pis pour les dames.

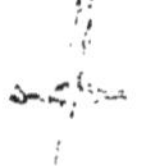

158. — *Méditations* (rien de la Martine).

159. — *Clavier en réparation* (Sabra étant allé prendre un bock), peinture anesthésique.

LANGLOIS (Mlle Camille), chez ses auteurs. Née en siècle d'incohérence. Elève des Binus in Unus. Rêve contemplativement aux arts multicolores de l'autre monde.

160. — *Les lendemains de la mort..... il étouffe ! ! ! soulevez le couvercle S. V. P.* (Dédié à Rollinat.)

LANGLOIS (Henri et Saint-Edme). Binus in Unus ou les frères scie à moi, hachés. H. E. Nés o logie paternel. Dessinateurs le jour et rédacteurs à la *Revue critique* la nuit. Elèves de leurs professeurs.

161. — *L'archange de l'incohérence terrassant l'hydre de l'art classique* (Dédié à *la Revue critique*.).

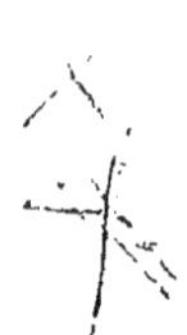

162. — *Portrait de M. H. de L.* (Dédié à M. H. de Lapommeraye).

163. — *La Vénus incohérente. De mille os,* pour M. Damala. Appartient à **M.** Maurice Bernard (Dédié à M. Bernard Passarah).

164. Voyez *Lapin.*

165. — *César incohérent.*

166. — *Scène d'intérieur.*

LANOZ (Henri), 9, rue Notre-Dame-de-Lorette.

167. — *Une pensée sauvage* (Etude de fleurs).

168. LAPIN, posé par MM. César O'Binocle et H.-E. Langlois. Nature non morte — destinée à la casserole.

LEBEL (Charles), naturaliste, passage du Buisson-Saint-Louis.

169. — *Une vitrine, grenouilles (14 juillet)*.

170. — *12 sujets différents (grenouilles)*.

LEMOINE (Achille), né tout jeune à Paris, élève de son école, 17, rue Pigalle. Bibelots en tous genres, achats, échanges.

171. — *Portrait de Mlle J.-A. (de l'Académie nationale)*.

172. — *Souvenirs de mon prochain voyage sur les côtes d'Afrique*, panoplie exécutée par l'exposant ou exposée par l'exécutant au choix.

(Appartient à M. A.-H. Tripp.)

173. — Rétrospectif : *Biberon vénéneux (âge de laiton)* pièce rare. On en trouve beaucoup rue Pigalle.

LÉOPOLD Ier ROI DES BELGES.

174. — *Dessin rétrospectif*.

LEPLICHEY (Léon), né aux Martigues le 15 juin 1878. Élève de Sapeck.

175. *La nuit d'août.*

Depuis que le cancer dans l'horizon immense

A. DE M.

176. — *La nuit d'octobre*

Le mal dont j'ai souffert s'est enfui comme un rêve.

LEVY DORVILLE (E.-H.-D.-L.-M.), né rue Richelieu (ancien IIIe), 10, place... (Non je déménage le 15). Elève de l'Ecole de dessin pour les jeunes personnes de la rue Steinkerque (affranchir). H. C. M. d'H. E. U. 1882, ✻, G. O.

177. — *La revanche de l'Histoire.*

178. — *Les grimaces* (néo-relief). App. à M. H. Grosclaude.

179. — *Paris le jour et la nuit.* (En collaboration à M. Paul Bilhaud). Dédié à M. Alphand.

180. — *Le jugement dernier* (quartier Montmartre) partie de gauche.

181. — *Un coup de poing.*

LÉVV-DORVILLE et MESPLÈS. — (Voir aux deux).

182. — *La récolte du macaroni dans la campagne de Naples.* — (On peut goûter). — Paysage en pâte Bousquin (de la galerie Vivienne). — Pas de réclame. — (Allez-y).

LHEUREUX (Paul). Hum... de lettres, né à Paris par le 35° de longitude Est; a été vacciné au corps (Consulter Vapereau). 36, rue Daubenton.

183. — *Les Colzas*, aquarelle à la manière jaune.

184. — *Le grand meneur de loups.*

> Les fauves regardaient d'un air de songerie
> Courir les reflets blancs d'une lune d'étain,
> Et, debout, surgissant au milieu d'eux, le teint
> Livide, l'œil brûlé d'un flamboiement inerte,
> Spectre encapuchonné comme un bénédictin,
> Le grand meneur de loups sifflait dans la nuit verte.
>
> (ROLLINAT, *les Névroses*).

185. — *Enseigne pour sage-femme de première classe.*

Extrait du tarif avec choux peints : 25 francs ; avec choux nature 25 fr. 50. Appareils lumineux : on traite avec le Monsieur qui éclaire). Il n'est fait de réduction qu'à la sage-femme des Invalides).

186. — *La Conscience* (Acquis par l'Etat).

> On mit l'aïeul au centre...
> Et lui restait lugubre et hagard. « O mon père
> L'œil a-t-il disparu? dit en tremblant Tsilla.
> Et Caïn répondit : « Non, il est toujours là. »
> (Victor Hugo.)

> La conscience voit dans nous
> Comme le chat dans les ténèbres.
> (Rollinat).

187. — *Beauté hors cadre. Marron de Saint-Cloud.* (Étude d'après nature).

L'HEUREUX (Mlle Berthe), petite amateur âgée de six ans, née à Paris, élève de son père, 36, rue Daubenton.

188. — *Bébé écoutant ce que disent les dépêches.*

LIVET (Guillaume). Rédacteur en disponibilité, 73, rue du Rocher (très dur).

189. — *Jupiter et Léda* — (Était-ce nécessaire?).

LOISEAU-ROUSSEAU (Paul), sculpteur et né à Paul, 56, rue de Lille, à Paris même.

190. — *Le Clown et le papillon* (cire),

191. — *Eau excessivement forte.*

192. — *La malle-poste de Bordeaux en 1840.* (Ce n'est pas en vin).

LONZA (A.). — chez M. J. Ottoz, 19, rue Fontaine.

193. — *Quare conturbas* me. Prix 2,400. A ce prix je laisserai 20 0/0 aux pauvres de Paris.

LORIN (Georges depuis son baptême), né au Marché aux Fleurs. — Elève de Cabriol. — 35, rue Campagne-Première.

194. — *Menu d'un déjeuner d'artistes.*

195. — *Un effet de lune* (mais pas de l'autre). Dessins à la plume prêtés par M. P. Eudel.

LOUIS-PHILIPPE Ier.

196. *Dessin rétrospectif.*

MAC-NAB. Né à Culpâ. Élève des Facultés mentales. Profession de myope. Demeure Rue-Y-Blas.

197. — *L'Angleterre revendiquant la propriété du Canal de Suez.*

MADEL (Sculpteur), chez M. Renoult, 3, rue d'Alger.

198. — *Mauvais camarades.*

199. — *Bons camarades.*

200. — *Prière à saint Hubert.*

MARANDET (Amédée). Libraire, rue Saint-Antoine. Né à côté du Lycée Charlemagne.

201. — *Portrait de Mlle Samary dans les* Précieuses ridicules (fragment nocturne).

MARÉCHAL.

202. — *Dessin rétrospectif.*

MARC SONAL. Journaliste, né à Theihss! (Dieu vous bénisse!)

203. — *La Fleur du Ah!* Groupe en plâtre sur papier.

MARTHOLD (DE). Né Comte Jules sur la branche. Sans maître.

204. — *Carton d'un vitrail laïque pour un hôtel de la rue Sainte-Beuve. Rome 1880.*

MAURY (Rose), 53, rue de Seine.

205. — *Tête de vieille femme* (dessin à la plume).

206. — *Divers dessins à la plume.*

207. — *Jeune fille* (aquarelle).

MAYEUR (Louis). Chef d'orchestre, né sans s'en douter, élève de ses ancêtres. Habite présentement à cheval sur le fil télégraphique (Paris à Anvers).

208. — *Saine Flamande* (extrait d'un bureau de placement pour nourrices). D'après Téniers.

MAYGRIER. Pas de prénoms, Magnétiseur, 4, rue de Vaugirard.

209. — *Tête d'un inconnu.*

MELLY (V.), amateur. né à Asprès-les-Veyres (Hautes-Alpes), élève de **M**. Kotek, rue du Val-de-Grâce, 21.

210. — *Billets à ordre.*

211. — *Échéance.*

MERIMÉE (Prosper).

212. — *Dessin rétrospectif.*

213. — *Dessin rétrospectif.*

214. — *Dessin rétrospectif.*

215. — *Dessin rétrospectif.*

216. — *Dessin rétrospectif.*

217. — *Dessin rétrospectif.*

MERUNI, né Talon, fumiste, rue du Cardinal-Lemoine, 49.

218. — *Portrait de M. F. M. N. en volontaire d'un an.*

MESPLÈS (Eugène), né à Paris, rue de Laval, 39, élève Itrier.

219. — *Faut-i cirer l'pouce ?*

220. — *Courses d'Été.*

221. — *La vallée des Lettres. (Paysage romantique).*

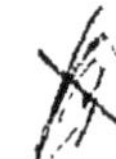

222. — *Hercule se désaltérant.*

223. — *Hyacinthe à Londres.*

224. — *Une affaire d'honneur.*

225. — *Le dîner des Harengs.*

MEYAN (Paul), peintre naturaliste, né à Reticulé, département des Langues, élève en chambre.

226. — *Argenterie.*

MEY-SONNIER, membre important, très décoré.

227. — *Tableau d'à venir.*

MARIUS-MICHEL. Né à Rago, n° 65, au boulevard.

228. — *Paysage à Cinq Cire (l'école).*

229. — *Deux sous de bois.*

230. — *Nocturne à deux voix.*

231. — *Vue du Château d'If,* bas relief à l'huile et à l'ail pour salade frisée (école marseillaise).

MONTEGNY.

232. — *Dessin retrospectif.*

MOREAU-LE-JEUNE.

233. — *Dessin retrospectif.*

NEYMARCK (G.). Né Lusko. Élève la hauteur de l'art.

234. — *Le jugement dernier* (quartier Montmartre), en collaboration avec Lévy Dorville.

NOVION.

235. — *Deux vieux de la vieille.* Aquarelle prêtée par M. Paul Eudel.

NUNEZ (Léon). Homme de rivière, amateur de chiens et de chats. Fait de la critique et des conquêtes. 10, rue Saint-Marc,

236. — *Poil immobile.*

ORBIER (Stany). Élève de Maurice Davanne. 28, rue Watteau.

237. — *Le clou du sa'on.* Serrurerie artistique (vue prise au Mont-de-Piété).

238. — *Symphonie champêtre à quatre pattes.* (Donnez s. v. p., c'est pour les pauvres).

PAQUEAU (Gaston), né au Bas-Rhin (servi par des dames). Élève les bras (ô imprudence).

239. — *Loge de chanteuses* (9 heures du soir).

PASSARAT (Bernard). Passera pas! Traîne-guenille, né ou plutôt panné chez lui, dans les nuages. — Élève de Quékçavoufait. — Zut! — rue Sarah (pas Bernhardt).

240. — *Le génie du naturalisme,* panneau décoratif pour le salon de M. E. Z.

PÉROUX (J.), né au Chili, près d'Asnières. —Elève l. quel succès ! — 5, rue de la Sorbonne.

241. — *Excelsior*.

PETRUS (Ernest), peintre, sculpteur, architecte. Elève au biberon le niveau de l'art. Se charge des déménagements d'artistes. Colle forte pour unions brisées... etc... etc... etc... — 115, rue Perdreau.

242. — *L'Innocence*, étude plein air.

243 — *? ? ? ?*

PICHET, maréchal-des-logis pour ses inf'rieurs, élève caporal quand il arriva au régiment. Demeure actuellement au 11me chasseurs, 2me escadron à Cinq-Germain.

244. — *Aquarelle*.

PILLE (Henri). Né à Essomes (Aisne). Élève de M. F. Barrias. H. C. 35, boulevard Rochechouart.

245. — *Homère chantant l'Iliade*.

PILOTELL.

246. — *Dessin rétrospectif*.

POUPÉE (Ninette, dite 20), Mannequin chez Félix, modèle chez Henner, pose et fait poser. 186, rue Tiquetonne (Asnières).

247. — *La bonne chique*.

248. — *La partie d'écarté*.

RAYNAUD (Jules). Élève. Son chapeau devant les dames. Né de petites causes qui ont produit de grands effets (conseiller son tailleur). 8, rue André del Sarte.

249. — *La Justice.* Projet pour le palais de justice de Saint-Pourçain (à lier).

250. — *Porc militaire :*
(*Note de l'organisateur ;* les Allemands sont priés de laisser la montre.)

251. — *Dessin à la mouchure de nez.* (Tabac de la régie, contributions indirectes) ayant appartenu à saint Joseph, fumiste à Nazareth (Turquie d'Asie) collection J. R. note de l'organisateur : Regardez-le fixement, il n'ouvrira pas les yeux.

Regard him fixed ly he'll not open his eyes.

RIOL (dit Ramollot et dit Cab, puisque Cabriol. — Né faste et Marguerite de Gounod de Paravents français. — Demeure en train de plaisir, n° 15, au troisième.

252. — Vue générale de *l'Oreille de Paladine.*

253. — *Fantaisie parisienne.*

ROLLINAT (Maurice), poète arrivé malgré ses amis. — rue Oudinot, 6.

254. — *Son portrait* (Prêté par M. Eudel qui en a prêté bien d'autres).

    Quand les regrets et les alarmes
    Battent mon sein comme des flots,
    La musique traduit mes larmes
    Et représente mes sanglots.

ROUSSEL (Paul). Né à Sée. Élève de Delbey (sculpteur). 7, rue de Belfort.

255. — *l'U lent.*

RUDE.

256. — *Dessin rétrospectif.*

SAPECK (Marie-Félicien). Né à Paris, le 11 mai 1860,
à Villa-Sapeck à Bordighera.

257.
« *La lune et le loignon d'un Dieu qui n'a qu'un œil.* »

258. — *Lutte de poitrines* (Appartient à M. Escalaïs).

SÉGUIN.

259. — *Départs de la vie!* (appartient à M. Paul
Bilhaud).

SELRACH, pas de prénoms, pas de lieu de naissance.
1, boulevard Beaumarchais.

260. — *Un officier de quart.*

SELRACH (Blanche), 1 boulevard Beaumarchais.

261. — *Aux petits des oiseaux.....* (Gravure sur papier.

SINUS (Frank). Né à Manchester. Elève de personne,
22, rue Hurel (Neuilly-sur-Seine).

262. — *Mardi gras.*

STA (H. de). Elève de la nature, 58, rue de Laro-
chefoucauld.

263. — *Le Clairon* a charge (Dernullée).

264. — *Drame à quatre mains ou le 14 Juillet.*

SUAREZ (M.). 42, boulevard Poissonnière.

265. — *Portrait de M. X.*

SUE Eugène.
266. — *Dessin rétrospectif.*

TALUET (moi je l'ai pas). A reçu un prénom honteux qu'il n'ose pas dire. Ça l'a rendu tout triste, c'est pour ça qu'il demeure avenue du Maine, 23. N'a envoyé qu'un tableau à cause de la distance.

267. — *Colère rouge et peur bleue.*

TARANNE. Fabricant de vues pour eau de mélisse. Né à Morve (mouchoir et chair). Rue comme un cheval n° ti de veau.

268. *L'obélisque des carmes (déchaussés).*

TONIM (comme anneau). Né à Mateur de Courses de taureaux. 5, rue de Béranger.

269. — *Projet de cadre sur la réorganisation de l'armée.*

TOUCAS..... Tout lasse (Bienatoi pour les dames). Né entre l'Obélisque et le Panthéon par un beau jour de brouillard. Professe un grand respect pour l'Incohérence.

270. — *La Plante la plus utile à l'homme.*

Enseigne achetée par M. Piédamour, pédicure, né à Gruyères. Décoré du Mérite agricole pour ses études sur les plantes des pieds.

TRAVIÈS.

271. — *Dessin rétrospectif.*

TRUCHET. Né et habitant Paris.

272. — *Effet de neige.*

TUGER (Edmond), peintre à Magny (Seine et Oise), 12, rue Hippolyte-Lebas, Paris.

273. — *Bourriches de pensées* (Peinture).

274. — *La Cascade du Vésinet* (Aquarelle).

VALOT (Georges). Né à Paris. Élève de M. Laporte (frappé avant d'entrer). 27, rue du Caire.

275. — *Une salle aux prix à Bouzy-les-Tourtes.*

VANAUME (Eric de). Ney place de l'Observatoire et habite rue des Petits-Champs, 82. Amateur du beau. Élève de MM. Kaprice et Phantaisye.

276, — *La presse au pays des amours.*

YVES (Raymond). Licencié en droit. Né à Paris (tiens!). 38, rue de Fleurus.

277. — *Verchesseburg.*

ZED-NEM. Élève de Latouche. Né aux iles Seringuinos.

278. — *Le rêve* (peinture spécimen de Bel-Ly. élève de Puvis-Vau que la nature, né à Nez (Bourbon île).

279. — *La réalité!!!* peinture économique (voir cadre-affiche, système breveté s. g. d. g.

ZUT (anonyme). Né (fourson) partout.

280. — *Figures à claques sur chapeau idem.*

SUPPLÉMENT

—

VAUDRISSE (Georges). Né nu.

281. — *Tam tam prussien.*

MESPLÈS (Voir plus haut). Beaucoup plus haut.
282. — *Une invasion.*

PATAPOUM, dit le Chévelu.

283. —

Le mâl dont j'ai souffert s'est enfui comme un rêve.

BÉRAT.

284. — *Dessin rétrospectif.*

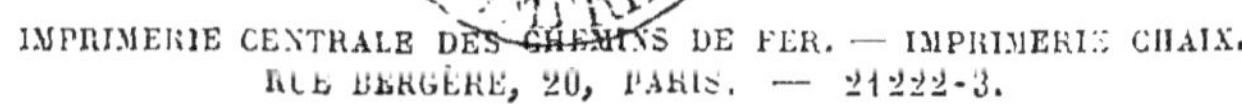

IMPRIMERIE CENTRALE DES CHEMINS DE FER. — IMPRIMERIE CHAIX.
RUE BERGÈRE, 20, PARIS. — 21222-3.

IMPRIMERIE CENTRALE DES CHEMINS DE FER. — IMPRIMERIE CHAIX.
RUE BERGÈRE, 20, PARIS. — 21224-3